DIE WILDE LERNBANDE

LESEN LERNEN

NFV

Lesen lernen ist gar nicht schwer!

Das ABC hast du schon gelernt? Prima, dann kannst du jetzt mit dem Lesenlernen loslegen! Lesen ist sehr wichtig, damit du all die Dinge, die in Büchern, Heften und im Internet stehen, verstehst.

Begib dich auf die Spur der Buchstaben und füge sie zuerst zu Silben, dann zu Wörtern und am Ende zu ganzen Sätzen zusammen. Silben sind Teile eines Wortes, die man am besten durch Nachsprechen erkennt. Meistens ergeben mehrere Silben zusammen ein Wort, es gibt aber auch Wörter, die nur aus einer Silbe bestehen.

Ein Beispiel

Das Wort Gabel besteht aus zwei Silben: Ga und bel. Das Wort Hand besteht nur aus einer Silbe.

 Gabel

 Hand

Ein guter Trick, um die Silben eines Wortes zu erkennen, ist das Klatschen. Bei Gabel musst du zweimal klatschen, bei Hand nur einmal.

Viel Spaß beim Lesenlernen!

Übung 1: Hier fehlt doch was? Ergänze die fehlenden Buchstaben im Alphabet.

A B _ D _ F G _ I J K _ _

N O _ _ R _ T U _ W _ _ Z

_ B _ D _ _ G _ I _ K _ _ N

_ _ _ R _ T _ _ W _ _ _

Übung 2: Jeder Buchstabe im Alphabet hat einen oder zwei Nachbarn. Schreibe sie auf.

_ D _ _ J _ _ P _ _ S _

_ T _ _ Z _ A _ _ F _

_ I _ _ K _ _ O _ _ Y _

Übung 3: Verbinde die Großbuchstaben mit dem passenden Kleinbuchstaben.

A t M z

T u G k

L a Z m

D b S o

U L K g

B d O s

E	y	H	qu
I	w	J	x
N	e	P	f
R	c	Qu	j
W	i	V	p
Y	n	X	v
C	r	F	h

Übung 4: Verbinde die Anfangsbuchstaben mit dem passenden Wort.

	N		F
	Z		I
	Y		M
	W		Q
	U	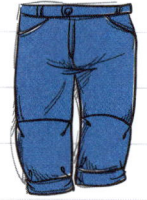	D
	R		H

P

A

O

J

X

K

E

V

L

T

G

B

S

C

 **Übung 5:** Sprich das Wort laut aus und trage ein, an welcher Stelle des Wortes (Anfang, Mitte oder Ende) du den Buchstaben hörst.

An welcher Stelle hörst du ein „o"?

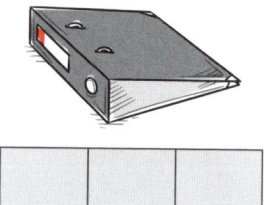

		o

An welcher Stelle hörst du ein „k"?

An welcher Stelle hörst du ein „n"?

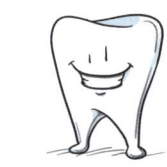
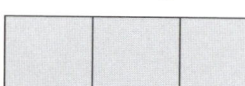

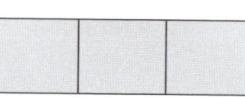

An welcher Stelle hörst du ein „e"?

An welcher Stelle hörst du ein „a"?

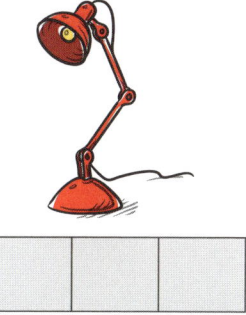

An welcher Stelle hörst du ein „t"?

Übung 6: Verbinde die Dinge, die sich reimen, mit einer Linie.

 •

•

 •

•

 •

•

 •

•

 •

•

Übung 7: Schau dir die Bilder an und klatsche für jede Silbe einmal. Trage dann unter jedem Bild den Silbenbogen ein.

‿‿‿

_____

_____

_____

_____

_____

_____

_____

_____

Übung 8: Lass dir die Wörter von einem Erwachsenen vorlesen. Höre gut hin und trage dann unter jedem Wort den Silbenbogen ein.

Mama   lesen   Schule

Delfin   Sonne   Ferien

schlafen   Rakete   Wolke

Bruder   spielen   Hase

Pause   Vogel   Banane

Hausaufgaben   Wassereis

Übung 9: Kreuze die Silbe an, mit der das Wort beginnt. Trage darunter den Silbenbogen ein.

☐ Ge
☐ Gi
☐ Go

☐ To
☐ Ta
☐ Te

_____

☐ Le
☐ Lö
☐ La

Wenn du zu den Silben in die Hände klatschst, erkennst du ganz einfach den Silbenbogen.

_____

☐ Fe
☐ Fu
☐ Fi

_____

- [ ] Za
- [ ] Zo
- [ ] Zi

_____

- [ ] Du
- [ ] De
- [ ] Di

_____

- [ ] Se
- [ ] Si
- [ ] So

_____

- [ ] To
- [ ] Ta
- [ ] Te

_____

- [ ] Gi
- [ ] Gu
- [ ] Ga

_____

- [ ] Mo
- [ ] Me
- [ ] Ma

_____

Übung 10: Verbinde jedes Wort mit dem passenden Bild. Trage dann unter jedem Bild den Silbenbogen ein.

•   • Wolke

_____

•   • Hose

_____

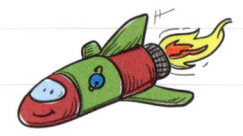

•   • Nashorn

_____

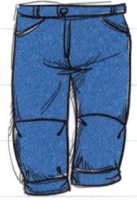

•   • Rakete

_____

 •

• Ente

 •

• Sonne

 •

• Vogel

 •

• Gabel

 •

• Affe

Finde das richtige Wort, indem du die passenden Silben verbindest. Trage unter jedem Bild den Silbenbogen ein.

Schu

Scha   he =   

Schi

_____

Da

Do   no =   

Di

_____

Gu

Ge   schenk =   

Gi

_____

Flieh

Flug   zeug   =

Faul

_____

Bau

Bei   ne   =

Bie

_____

Hu

Heu   se   =

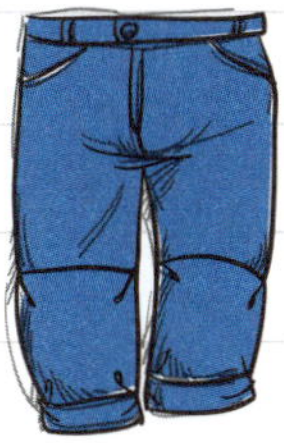

Ho

_____

Fehr

Fahr   rad   =

Feld

_____

Übung 12: Welcher Buchstabe fehlt in dem Wort? Kreuze den richtigen Buchstaben an.

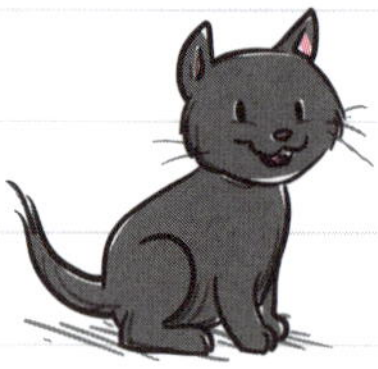

K_tze ☐ o ☐ a ☐ i

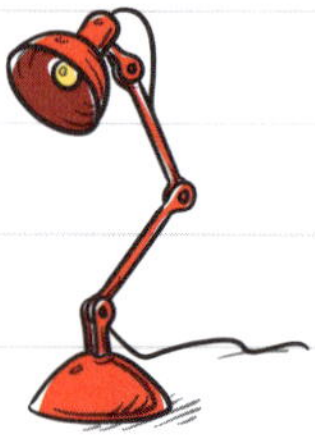

La_pe ☐ m ☐ u ☐ n

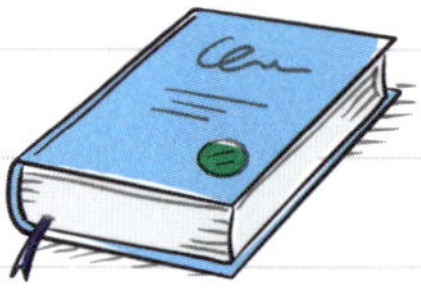

_uch ☐ T ☐ A ☐ B

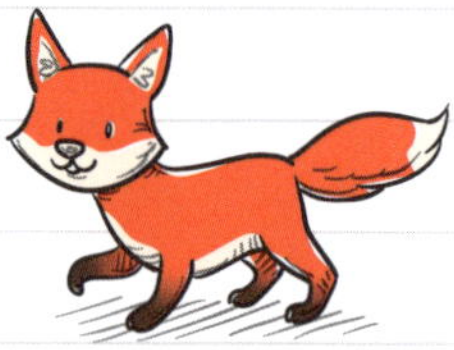

Fu_hs ☐ c ☐ x ☐ z

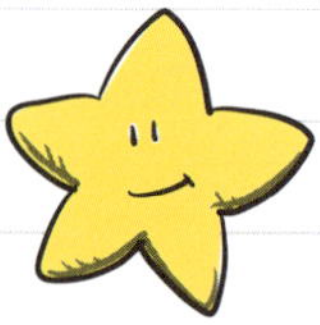

S_ern ☐ p ☐ t ☐ d

 _olke ☐ R ☐ K ☐ W

 Fr_sch ☐ e ☐ o ☐ i

_onster ☐ N ☐ M ☐ W

Au_o ☐ t ☐ d ☐ z

Rau_e ☐ p ☐ b ☐ t

Übung 13: Verbinde jedes Bild mit dem passenden Wort.

 •   • Hund

 •   • Qualle

 •   • Puppe

 •   • Schneemann

 •   • Pinguin

 •   • Uhr

 •   • Krokodil

 •   • Schal

 •   • Wal

 •   • Telefon

 •   • Zitrone

 •   • Maus

 •   • Delfin

Übung 14: Was ist hier abgebildet? Kreuze das richtige Wort an.

☐ eine Brille

☐ ein Haus

☐ ein Wald

☐ eine Wolke

☐ ein Hase

☐ eine Hose

☐ eine Hand

☐ ein Hund

☐ ein Herd

☐ ein Herz

☐ ein Stern

☐ eine Sonne

☐ ein Lolli

☐ eine Lilli

☐ ein Mond

☐ ein Mund

☐ ein Teddy

☐ ein Telefon

☐ ein Esel

☐ eine Ente

☐ eine Decke

☐ ein Drachen

☐ eine Giraffe

☐ eine Gitarre

Übung 15: Verbinde die richtigen Silben und finde das passende Wort zum Bild.

 Ord   to

 Ti   ne

 Au   ner

 Sa   mer

 Bie   ger

 Ham   lat

 Lö

ler

 Rol

pe

 Rau

se

 Ha

we

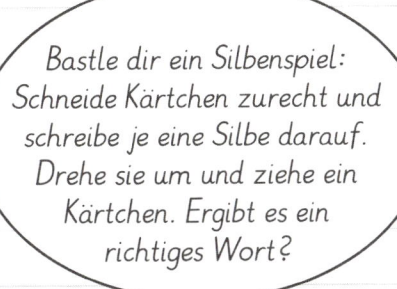

Bastle dir ein Silbenspiel: Schneide Kärtchen zurecht und schreibe je eine Silbe darauf. Drehe sie um und ziehe ein Kärtchen. Ergibt es ein richtiges Wort?

Übung 16: Verbinde die Wörter, sodass ein richtiger Satz entsteht.

Die Sonne •   • schwimmt.

Das Kind •   • bläst.

 Der Vogel •   • spielt.

Der Fisch •   • schnurrt.

Das Auto •   • brüllt.

Der Motor •   • singt.

Der Löwe •   • rollt.

Der Wind •   • bellt.

Der Ball •   • fährt.

Das Feuer •   • brummt.

Die Katze •   • scheint.

Der Hund •   • brennt.

Übung 17: Verbinde die Wörter, sodass ein richtiger Satz entsteht.

Die Kuh •   • legt Eier.

Das Huhn •   • ist lang.

Der Postbote •   • ist rot.

Das Radio •   • spielt Musik.

Die Tomate •   • sind schmutzig.

Der Clown •   • gibt Milch.

Das Flugzeug •   • macht Späße.

Die Leiter •   • singt Lieder.

Das Kleid •   • fliegt hoch.

Die Schuhe •   • ist schön.

Das Mädchen •   • bringt Briefe.

Das Baby •   • schreit laut.

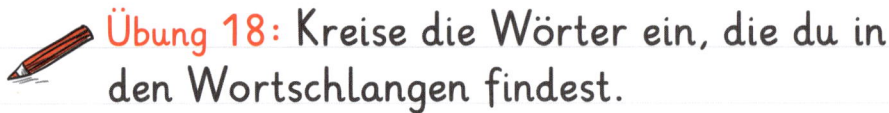

FlmBaHemdOükUTnaVPapaAloHosesw

EaPüelEssenböBananefPüLimoMBonbon

HüHundloKaZeOEseljkPfPferdrzKatze

ZGFußballoBoTormiSpielarPÄverlieren

KlmLöweAohobNashornnivTigerRAhKuh

NLmiHausartZStuhlÖpiTischQwinBett

Finde die Tiere, die sich hier versteckt haben. Kreise sie ein.

```
T  I  G  E  R  K  U
H  N  L  T  K  L  L
K  A  P  Z  L  E  Ö
O  F  I  B  Z  W  W
G  F  Y  Ä  E  I  E
B  E  A  R  B  G  S
M  E  F  K  R  H  N
Q  B  B  E  A  K  B
E  L  E  F  A  N  T
```

Tiger	Zebra	Affe
Löwe	Elefant	Bär

Lies die Sätze und male das passende Bild dazu.

1. Das Haus hat eine Tür und zwei Fenster. Daneben steht ein Baum.

2. Im Korb liegen viele Äpfel. Daneben liegen zwei Birnen.

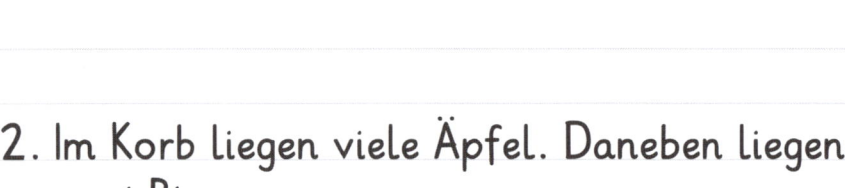

3. Auf dem Tisch stehen zwei Teller. Neben dem
   Tisch steht ein Stuhl.

4. Auf der Wiese gibt es viele bunte Blumen.
   Auf einer Blume sitzt ein Schmetterling.

Übung 21: Verbinde die Satzteile, damit der Satz stimmt.

 Hosen wäscht man •   • mit dem Traktor.

Katzen und Hunde •   • malen ein Bild.

Der Computer steht •   • mit Bausteinen.

 Max und Ella •   • im Arbeitszimmer.

Die Kinder spielen •   • mit Waschpulver.

Der Bauer fährt •   • in der Erde.

Das Getreide wächst •   • sind Haustiere.

Der Maulwurf gräbt •   • auf dem Feld.

An der Decke •   • ins Schwimmbad.

Eine junge Kuh heißt •   • Milch gemacht.

Die Eskimos leben •   • mit dem Fahrrad.

 Käse wird aus •   • leckeres Eis.

Anneli isst gerne •   • hängt eine Lampe.

Im Sommer geht Jan •   • Kälbchen.

Lotte fährt gerne •   • von Blatt zu Blatt.

Der Frosch hüpft •   • in Iglus.

Übung 22: Lies den Satz und kreuze an, ob er richtig oder falsch ist.

1. Wenn die Sonne scheint, ist es dunkel. ☐ ja ☐ nein

2. Ostern ist immer im Oktober. ☐ ja ☐ nein

3. Der Schornsteinfeger reinigt den Schornstein. ☐ ja ☐ nein

4. Gemüse ist sehr ungesund. ☐ ja ☐ nein

5. Der Hahn legt keine Eier. ☐ ja ☐ nein

6. Kartoffeln wachsen auf Bäumen. ☐ ja ☐ nein

7. Spinnen haben acht Beine. ☐ ja ☐ nein

8. Rote Katzen können fliegen. ☐ ja ☐ nein

9. Hunde können schwimmen. ☐ ja ☐ nein

10. Im Winter fahren die Hasen Schlittschuh. ☐ ja ☐ nein

11. Die Sonne ist größer als die Erde. ☐ ja ☐ nein

12. Im Sommer sind die Tage länger als im Winter. ☐ ja ☐ nein

13. Müll muss man auf die Straße werfen. ☐ ja ☐ nein

14. In der Schule müssen die Kinder schlafen. ☐ ja ☐ nein

15. Ein Fahrrad hat vier Räder. ☐ ja ☐ nein

16. Ein Berg ist höher als ein See. ☐ ja ☐ nein

Übung 23: Beantworte die Fragen, dann kannst du das Rätsel lösen. Schreibe den Buchstaben über das richtige Bild.

Ein Beispiel

Den Buchstaben vor der ersten Frage (T) schreibst du auf die Linie über dem Schneemann.

Rätsel 1

T Was wird aus Schnee gebaut?

E Was bekommt man an Weihnachten?

K Was fangen Katzen am liebsten?

A Was sehen wir nachts am Himmel?

R Welches Tier lebt im Wasser?

E Was ist in deinem Mäppchen?

Rätsel 2

| H | Was scheint am Tag am Himmel? |

| O | Welches Tier braucht man am Computer? |

| L | Was fällt aus den Wolken? |

| D | Was hängt an der Wand und tickt? |

| S | Woraus besteht ein Buch? |

| K | Was zieht man im Winter an? |

| A | Womit kann man schneiden? |

| O | Womit isst man Suppe? |

| C | Womit schlägt man einen Nagel in die Wand? |

| E | Worauf kann man sitzen? |

Übung 24: Lies dir die Geschichte gut durch und beantworte dann die Fragen auf der gegenüberliegenden Seite.

Das Nachtgespenst

Der kleine Ritter Hans lebt auf einer mächtigen Burg. Er wünscht sich sehr, einmal ein tapferer Ritter zu werden. Jeden Tag übt er Bogenschießen.

Heute hat Hans seinen Freund besucht. Als er nach Hause kommt, ist es schon dunkel. Da hört er ein Geräusch aus dem Burgturm. „Buhuu!" Hans erschrickt, doch dann geht er mutig hinein, um nachzusehen. Er geht vorsichtig die Treppe hinauf. Plötzlich fällt eine alte Ritterrüstung um und kullert die Treppe hinunter. Als Hans näher kommt, öffnet sich das Visier. Heraus kommt ein kleines Gespenst!

„Hallo!", ruft es Hans freundlich zu. „Kommst du, um mit mir zu spielen? Ich langweile mich so fürchterlich!" Da muss Hans lachen. Vor diesem Gespenst braucht er sich nicht zu fürchten! Er verspricht ihm, am nächsten Tag wiederzukommen. Dann wollen sie zusammen spielen.

1. Wo lebt der kleine Ritter Hans?

_____

2. Was übt Hans jeden Tag?

_____

3. Woher kommt das Geräusch, das Hans hört?

_____

4. Was fällt plötzlich die Treppe hinunter?

_____

5. Was befindet sich in der Ritterrüstung?

_____

6. Wer langweilt sich fürchterlich?

_____

7. Fürchtet sich Hans vor dem Gespenst?

_____

 **Übung 25:** Lies dir die Geschichte gut durch und beantworte dann die Fragen auf der gegenüberliegenden Seite.

Die Zahnfee

Lotta ist traurig. Sie hat einen Zahn verloren. Er hatte schon seit ein paar Tagen gewackelt. Als sie dann in einen Apfel biss, ist er ganz herausgefallen.

Lotta zeigt Mama den Zahn. Mama tröstet Lotta: „Das ist nicht schlimm. Bald kommt der nächste Zahn heraus." Aber Lotta will keinen neuen Zahn, sie will ihren alten Zahn behalten. Da schlägt Mama vor: „Lege den Zahn heute Nacht unter dein Kopfkissen. Dann kommt die Zahnfee und tauscht ihn gegen ein Geschenk aus."

Abends legt Lotta den Zahn unter das Kopfkissen. Sie versucht, wach zu bleiben, um die Zahnfee zu sehen. Aber dann schläft sie fest ein. Als sie am nächsten Morgen aufwacht, sieht sie sofort unter dem Kopfkissen nach. Der Zahn ist weg!

Stattdessen liegt da ein Kuscheltier. Lotta nimmt es in den Arm und ruft: „Danke, liebe Zahnfee!"

1. Was hat Lotta verloren?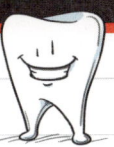

_____

2. In was hat Lotta hineingebissen?

_____

3. Was möchte Lotta behalten?

_____

4. Wohin legt Lotta ihren Zahn?

_____

5. Wer kommt in der Nacht?

_____

6. Was liegt am Morgen neben dem Kopfkissen?

_____

7. Freut sich Lotta über das Geschenk?

_____

Lösungen

Seite 3, Übung 1:

A B <u>C</u> D <u>E</u> F G <u>H</u> I
J <u>K</u> <u>L</u> <u>M</u> N O <u>P</u> Q <u>R</u>
S T <u>U</u> V W <u>X</u> Y Z

<u>A</u> B <u>C</u> D <u>E</u> F <u>G</u> <u>H</u> I
J <u>K</u> <u>L</u> M N <u>O</u> P Q R
S <u>T</u> <u>U</u> <u>V</u> W X Y <u>Z</u>

Seite 3, Übung 2:

C D <u>E</u>   <u>I</u> J <u>K</u>   <u>O</u> P Q
R <u>S</u> <u>T</u>   <u>S</u> <u>T</u> U   Y Z
  A <u>B</u>   E F <u>G</u>   <u>H</u> I <u>J</u>
<u>J</u> K <u>L</u>   N <u>O</u> P   X Y <u>Z</u>

Seite 4–5, Übung 3:

A–a	H–h	O–o	V–v
B–b	I–i	P–p	W–w
C–c	J–j	Q–q	X–x
D–d	K–k	R–r	Y–y
E–e	L–l	S–s	Z–z
F–f	M–m	T–t	
G–g	N–n	U–u	

Seite 6–7, Übung 4:

A–	H–	O–
B–	I–	P–
C–	J–	Q–
D–	K–	R–
E–	L–	S–
F–	M–	T–
G–	N–	U–
V–	W–	X–
Y–	Z–	

Seite 8–9, Übung 5:

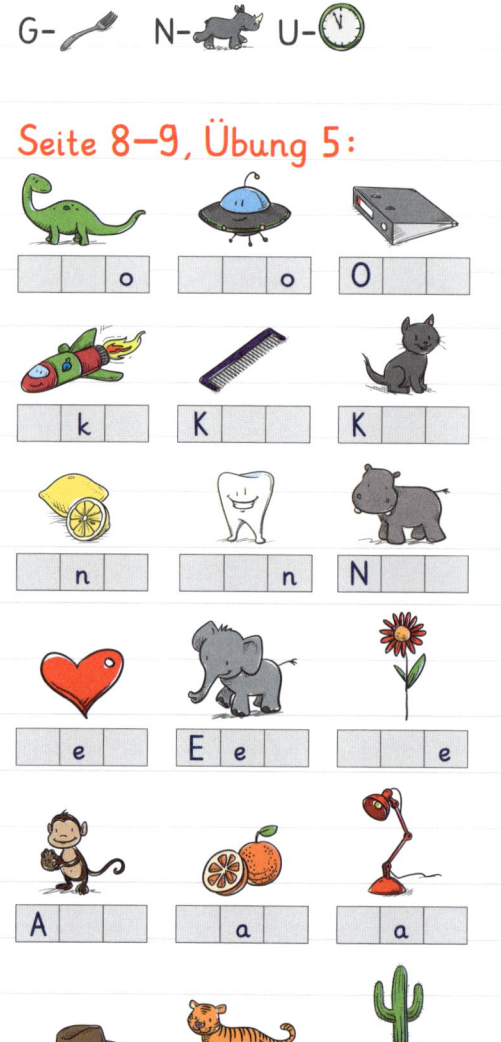

Seite 10–11, Übung 6:

Tisch – Fisch   Haus – Maus

Schuh – Kuh   Mund – Hund

Ziege – Fliege   Rose – Hose

Wal – Schal   Affe – Giraffe

Eis – Mais

Seite 12, Übung 7:

Seite 13, Übung 8:

Mama   lesen   Schule

Delfin   Sonne   Ferien

schlafen   Rakete   Wolke

Bruder   spielen   Hase

Pause   Vogel   Banane

Hausaufgaben   Wassereis

Seite 14–15, Übung 9:

- ☒ Ge
- ☐ Gi
- ☐ Go

- ☐ To
- ☐ Ta
- ☒ Te

- ☐ Le
- ☒ Lö
- ☐ La

- ☒ Fe
- ☐ Fu
- ☐ Fi

- ☐ Za
- ☐ Zo
- ☒ Zi

- ☐ Du
- ☐ De
- ☒ Di

- ☒ Se
- ☐ Si
- ☐ So

- ☒ To
- ☐ Ta
- ☐ Te

- ☒ Gi
- ☐ Gu
- ☐ Ga

- ☐ Mo
- ☒ Me
- ☐ Ma

Seite 16–17, Übung 10:

Nas<u>horn</u>

Wolke

Rak<u>et</u>e

Ho<u>se</u>

Vogel

Aff<u>e</u>

Ente

Ga<u>bel</u>

Son<u>ne</u>

Seite 18–19, Übung 11:

Schu<u>he</u>

Dino

Ge<u>schenk</u>

Flug<u>zeug</u>

Bie<u>ne</u>

Ho<u>se</u>

Fahr<u>rad</u>

Seite 20–21, Übung 12:

K _ tze ☐ o ☒ a ☐ i

La _ pe ☒ m ☐ u ☐ n

_ uch ☐ T ☐ A ☒ B

Fu _ hs ☒ c ☐ x ☐ z

S _ ern ☐ p ☒ t ☐ d

_ olke ☐ R ☐ K ☒ W

Fr _ sch ☐ e ☒ o ☐ i

_ onster ☐ N ☒ M ☐ W

Au _ o ☒ t ☐ d ☐ z

Rau _ e ☒ p ☐ b ☐ t

Seite 22–23, Übung 13:

Pup<u>pe</u> Pin<u>gu</u>in Uhr Hund

Qualle Schnee<u>mann</u> Te<u>le</u>fon

Wal Maus Kro<u>kodil</u> Del<u>fin</u>

Zit<u>rone</u> Schal

Seite 24–25, Übung 14:

☒ eine Brille ☐ ein Wald ☒ ein Hase

☐ ein Haus ☒ eine Wolke ☐ ei<u>ne</u> Hose

☐ eine Hand ☐ ein Herd ☒ ein Stern

☒ ein Hund ☒ ein Herz ☐ eine Sonne

☒ ein Lolli ☐ ein Mond ☒ ein Ted<u>dy</u>

☐ eine Lilli ☒ ein Mund ☐ ein Te<u>le</u>fo

 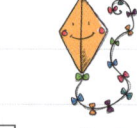 

☐ ein Esel ☐ eine Decke ☒ eine Giraf

☒ eine Ente ☒ ein Drachen ☐ eine Gitar

Seite 26–27, Übung 15:

Ord	ner	Ham	mer
Ti	ger	Lö	we
Au	to	Rol	ler
Sa	lat	Rau	pe
Bie	ne		

Seite 28, Übung 16:

Die Sonne scheint.

Das Kind spielt.

Der Vogel singt.

Der Fisch schwimmt.

Das Auto fährt.

Der Motor brummt.

Der Löwe brüllt.

Der Wind bläst.

Der Ball rollt.

Das Feuer brennt.

Die Katze schnurrt.

Der Hund bellt.

Seite 29, Übung 17:

Die Kuh gibt Milch.

Das Huhn legt Eier.

Der Postbote bringt Briefe.

Das Radio spielt Musik.

Die Tomate ist rot.

Der Clown macht Späße.

Das Flugzeug fliegt hoch.

Die Leiter ist lang.

Das Kleid ist schön.

Die Schuhe sind schmutzig.

Das Mädchen singt Lieder.

Das Baby schreit laut.

Seite 30, Übung 18:

FlmBaHemdOükUTnaVPapaAloHosesw

EaPüelEssenböBananefPüLimoMBonbon

HüHundloKaZeOEseljkPfPferdrzKatze

ZGFußballoBoTormiSpielarPÄverlieren

KlmLöweAohobNashornnivTigerRAhKuh

NLmiHausartZStuhlÖpiTischQwinBett

Seite 31, Übung 19:

```
T  I  G  E  R  K  U
H  N  L  T  K  L  L
K  A  P  Z  L  E  Ö
O  F  I  B  Z  W  W
G  F  Y  Ä  E  I  E
B  E  A  R  B  G  S
M  E  F  K  R  H  N
Q  B  B  E  A  K  B
E  L  E  F  A  N  T
```

Seite 34–35, Übung 21:

Hosen wäscht man mit Waschpulver.

Katzen und Hunde sind Haustiere.

Der Computer steht im Arbeitszimmer.

Max und Ella malen ein Bild.

Die Kinder spielen mit Bausteinen.

Der Bauer fährt mit dem Traktor.

Das Getreide wächst auf dem Feld.

Der Maulwurf gräbt in der Erde.

An der Decke hängt eine Lampe.

Eine junge Kuh heißt Kälbchen.

Die Eskimos leben in Iglus.

Käse wird aus Milch gemacht.

Anneli isst gerne leckeres Eis.

Im Sommer geht Jan ins Schwimmbad.

Lotte fährt gerne mit dem Fahrrad.

Der Frosch hüpft von Blatt zu Blatt.

Seite 36–37, Übung 22:

1. nein	9. ja
2. nein	10. nein
3. ja	11. ja
4. nein	12. ja
5. ja	13. nein
6. nein	14. nein
7. ja	15. nein
8. nein	16. ja

Seite 38–39, Übung 23:

Rätsel 1: RAKETE

Rätsel 2: SCHOKOLADE

Seite 40–41, Übung 24:

1. Auf einer mächtigen Burg
2. Bogenschießen
3. Aus dem Burgturm
4. Eine alte Ritterrüstung
5. Ein kleines Gespenst
6. Das Gespenst
7. Nein

Seite 42–43, Übung 25:

1. Einen Zahn
2. In einen Apfel
3. Ihren alten Zahn
4. Unter das Kopfkissen
5. Die Zahnfee
6. Ein Kuscheltier
7. Ja